Les fables de La Fontaine

Le l
et le **Rat**

Illustrations :
Prisca le Tandé

LAROUSSE

Il faut, autant qu'on peut, obliger tout le monde :
On a souvent besoin d'un plus petit que soi.

[...]

Entre les pattes d'un Lion

Un Rat sortit de terre assez à l'étourdie.

Le roi des animaux, en cette occasion,
Montra ce qu'il était, et lui donna la vie.

Ce bienfait ne fut pas perdu.

Quelqu'un aurait-il jamais **cru**
Qu'un Lion d'un Rat eût affaire ?

Cependant il advint qu'au sortir des forêts
Ce Lion fut pris dans des rets,
Dont ses rugissements ne le purent défaire.

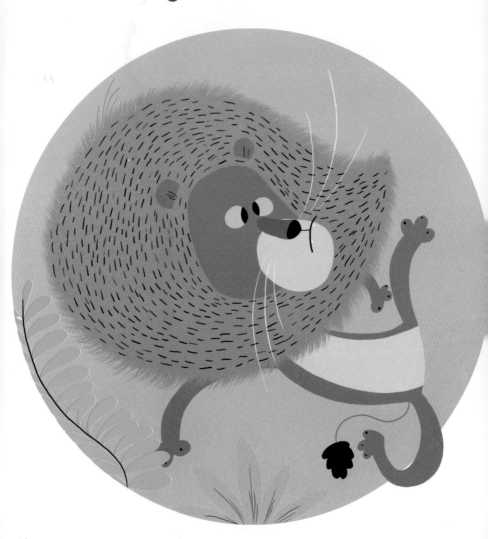

Sire Rat accourut, et fit tant par ses dents

Qu'une maille rongée emporta tout l'ouvrage.

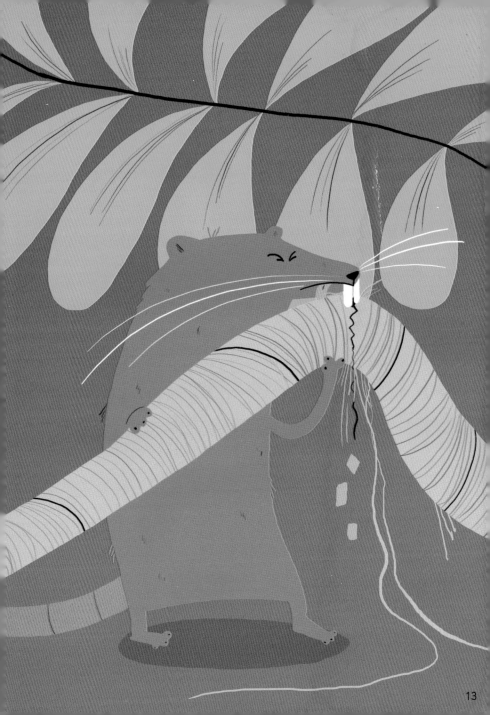

Patience et longueur de temps
Font plus que force ni que rage.

Dans la même collection :

Direction de la publication : Isabelle Jeuge-Maynart et Ghislaine Stora
Direction éditoriale : Florence Pierron-Boursot et Stéphanie Auvergnat-Junique
Édition : Magali Corbel
Responsable artistique : Laurent Carré
Mise en page : Fanny Tallégas
Illustration de couverture : Prisca le Tandé
Illustration du logo La Fontaine : Alain Boyer
Fabrication : Rebecca Dubois

© Larousse 2014
21, rue du Montparnasse - 75006 Paris

ISBN : 978-2-03-589695-7
Photogravure : Irilys
Imprimé en Espagne
Dépôt légal : janvier 2014
313756-01/11025957 - décembre 2013

Conforme à la loi n° 49 956 du 16 juillet 1949 sur les publications destinées à la jeunesse.

Toute reproduction ou représentation intégrale ou partielle, par quelque procédé que ce soit,
du texte contenu dans le présent ouvrage, et qui est la propriété de l'Éditeur, est strictement interdite.